講話CD付き

正しい決断をするために

稲盛和夫
INAMORI KAZUO

サンマーク出版

正しい決断をするために

目次

どの頂を目指すのか

原理原則を判断基準にする

魂の領域で決断せよ

フィロソフィを共有する

生き方の神髄9

装丁・造本　菊地信義＋水戸部功
本文ＤＴＰ　山中 央
編集協力　京セラ株式会社　稲盛ライブラリー
京セラコミュニケーションシステム株式会社
株式会社鷗来堂
編集　斎藤竜哉（サンマーク出版）

本書は、一九九五年五月十二日に行われた「京都商工会議所第一回経営講座トップセミナー」での講話をＣＤに収録し、その内容を書籍にまとめたものです。講演会場にて録音された音源のため、一部お聞き苦しい箇所がある場合がございます。どうかご了承ください。

書籍は収録した講話を文章にしたものですが、読みやすくするために、一部表現を変えるなど編集を加えてあります。

正しい決断をするために

どの頂を目指すのか

経営はトップの考え方、意志で決まる

私は哲学とは、その人がもっている考え方、または人生観、つまり「私はこう思う」ということでいいと考えています。経営者というのは必ず、自分の会社の経営をこうしたい、ああしたいというふうに思っているはずですから、そのことを私は哲学といっています。

なぜ経営に哲学が必要だといっているかというと、ひじょうにプリミティブな、原始的な考え方をもって

も経営はできますが、すばらしい経営をするためには、できれば哲学にまで高まった考え方が要るからです。

高邁《こうまい》な精神、立派な心がけというものにまで考え方を高めていかなければ、本当の経営にはならないのではないかと思うので、哲学という言葉を使っています。哲学にならしめるためには、自分の心を磨く必要があると思っています。

経営というのは、トップの考え方と、トップがもっている意志で決まるわけです。だから、自分の会社の経営がうまくいっていないのは、副社長が悪いのでもなければ、専務が悪いのでもなければ、重役が悪いのでもなければ、従業員が悪いわけでもない。

それはただ一つ、トップの考え方がおかしいから、トップの経営に対する意志が弱いからです。

まずそれを前提としていただきたい。経営はトップがすばらしい考え方をもっているか、そして、同時に経営に対する強い意志力をもっているかということで決まると考えています。

たった一回しかない人生、やり直しのきかない人生、この人生を無駄に過ごすのはもったいないではないか。たった一回しかない人生なら、精いっぱい生きてみよう。田舎者である私みたいな男が、どのくらい生きられるものか試してみよう。誰にも負けないくらいすばらしい努力をしてみたいと、私は思ってきました。

ところが人によっては、たった一回しかない人生、そんなに働くのはもったいないではないか、一回しかないのなら少し楽しもうではないか、世の中というのはもっとうまくいけるはずではないかという人もおられるでしょう。

考え方は、本当にもう千人いれば千人全部違うはずです。その考え方が、実は会社を決めているわけです。しかし、考え方が自分の会社を支配しているとは誰も思っていないのです。

思っていること、考えていることがすべて現象界、つまり会社の実態に現れるわけです。このくらいのことを考えているだけで自分の会社がそうなるはずがないとお考えかもしれませんが、実はその考えていることが、会社そのものを全部つくり上げているのです。

何を目指すのか決断するのが経営者の仕事

たとえば陸上部をつくったとしましょうか。日本一流の女子の長距離レースに耐えられるすばらしい選手を育てたいと思うと、それに耐えるような練習があります。

女子陸上ですと、女の人は肥満型が多く、ちょっと食事のコントロールを間違えると、すぐに太ってしまいます。長距離ランナーというのは、太ってくるとまったく耐久力がありません。ですから食事をとるにも、たいへん厳しい節制を要求されます。同時に、毎日毎日すごいハードトレーニングをしなければなりません。

我々素人は、一流の監督が指導しているのを見ていると、そこまで要求しなくてもいいではないかと思います。

体重を減らしていきますから、もう脂肪がない。脂肪がないということは耐久力もなくなります。それでも、ガリガリになった状態で四十二・一九五キロをどんな炎天下でも走らせなければならない。

そういうトレーニングをやらせていくのは大変だから、「もうそんなのはやめてくれ。選手をつぶすのか」ということになります。

つまり、何をねらうかなのです。その程度の考え方で選手を養成すれば、それは鹿児島の地域では若干いけるかもしれないけれども、都会に出てきて長距離レースに出たら、問題にもなりません。

ましてや全国レベル、国際レベルのレースに出たら、しょっぱなから先頭集団についていけません。最初の一キロがもうついていけません。

私は昔、こう言ったものです。トラックを出てロードに出ていきますが、「最初の一キロで離されたのでは話にならないではないか。ぶっ倒れてでもいいから、とにかく五キロだけついていってみろ。場合によっては先頭を走ってみろ」。

そう言うと、相当立派な監督でも、「それはムチャです。選手を殺す気ですか。世界のランナーが五キロを何分何秒のスピードで走っていくか、うちの選手だったら五キロだけでも、もうへばってしまいますよ」と言います。

つまり、どの勝負をするのかです。京都の伝統産業には、「当社は社歴百年を誇ります」「当社は二百年を誇ります、何代目です」というすばらしい企業がいくらもあります。立派な家訓をもっておられる会社もいくらもあります。

私は、京都の会社は戦争で焼けませんでしたし、資産も残りましたから、本当はもっともっと伸びていってもいいはずだと思います。

しかし、伸ばそうと思えば、世界のレースで勝つのか、いや京都のレースで勝つのか、日本のレースで勝つのか、どういう考え方をするのかということです。

どういう企業にしたいと思うのか。そういう企業にするには、どういう基準でいくのか。基準とは、判断基準です。

先ほどのマラソンなら、「そのくらいの練習じゃダメだよ、もっとこのくらいやれ」と言うか、「そういう練習をすれば選手がつぶれます、選手を殺す気ですか」と言われると困るので、ではどこまでゆるめるか。ゆるめたら勝負になるのか、ならないのか。

だから、どういう会社にしたいのか。そういう会社にするためには、どの程度のことをしなければならないのか、その判断をするのがトップ、経営者です。考え方というのは、経営者が判断する基準ということなのです。それでいいのか悪いのかの判断基準です。

心の底にある、その考えが成長を止めている

私自身がみなさん方の会社よりはるかに小さい零細企業として、京都の中京区西ノ京原町で宮木電機さんの倉庫をお借りして会社を始めました。

そのときと同じような中小零細企業の経営者の人たちとおつきあいをしていて、あるときこんなことを言われました。

「稲盛さん、あなたはいまでも一生懸命、会社が大きくなったのに朝から晩まで働いているけれども、何ぼ稼いだら満足するのですか。もういまでも相当、財産もできたのと違いますか。京セラは立派な会社になったじゃありませんか。それでもまだあくせく働いてい

る。ちょっとあなた、いくら世間のお金を集めれば満足するのですか」

私にはそういう考え方がないのです。いくらお金を儲《もう》けようとか、会社をどれだけ大きくしようというのはないのです。ないのでがんばっているわけです。その人にそう言われてびっくりしました。

よく考えてみると、その方は「私財も五億円できた。会社は毎年一億円、二億円の利益が出る。従業員も少ない。先代からの資産も相当もっている。何をそんなにあくせく働かなければならないのか」そう思っておられるのです。

「もうこれで十分ではないか、使い切れやしないではないか」と思っておられる。そういう考え方をしておられるので、パチンコではありませんが、それで打ち止めなのです。

そして、その人に聞いてみると、「いや、うちの会社も伸びたい」とおっしゃいます。「伸びたいんじゃなくて、あなたが伸ばさないようにしているではありませんか」と思うのに、気がついていないのです。

「何も伸びなくてもいいとは思っていない。うちの会社だってもっと伸ばしたい」と思っているのですが、実は深層心理で「もう個人資産も十億できたではないか。そんなにあくせくしなくても、会社も毎年、税引き前利益が一億や二億出るのだからいいではないか」と思っておられる。

自分自身が深層心理、潜在意識のなかで、「これ以上、会社は伸びなくてもいい」と思っておられるのです。

それなのに、正面きっておたくの会社はと聞くと、「うちの会社もおたくみたいに伸ばしたいんだ。稲盛さん、どうすればそんなに伸びるのか教えてくれ」と言う。

それは教えてもらうものではなく、自分自身の問題なのです。メンタリティに、伸ばそうとしない考え方がインプットされているということなのです。

会社が伸びていかない本当の理由

もう一つの例ですが、社長をやっておられて、たとえば月給を二百万円もらっているとしますと、年俸二千四百万円です。中小企業としては悪くない。そういう方が一生懸命がんばって、利益が五千万円出た。だいたい五千万、一億ぐらい利益が出ますと、税理士さんに、「何とか税金を払わなくていいようにならないか」と言われるのが、まず普通だと思います。私もそうでした。

その次に何が起こるかといいますと、「こんなに税金を取られるのはアホらしい」と思うようになるわけです。次にくるのは「何とかちょろまかそう」、その次は「もうアホらしいから、ほどほどに働こう」。

人間はおもしろいものです。よけいに働くと、そのぶん利益が出るわけですが、利益が出ないようにちょっと減らそうというのはむずかしいのです。

ちょうど学校で落第をしない程度にうまく手を抜くというのがいちばんむずかしいのと同じです。優等生で卒業するのはまだやさしいけれども、六十点すれすれで、落第をしないで卒業するというのがいちばんむずかしい。

自分の給料だけは取って、税金を払わなくてもいいすれすれでいこうというのはいちばんむずかしいわけです。

ところが、中小企業の経営者の方がそういうメンタリティをもっているのです。税金を払いたくない。払いたくないということは、利益が出ては困るわけです。利益が出ては困るという潜在意識をもっていながら、会社をもっと大きくしたいと思っておられるのです。

大変な矛盾です。それでは会社が大きくなるわけがありません。

そういう意識は全部、従業員に伝わっています。わからないはずがない、もう全部わかっています。だから、従業員だって「がんばれ、がんばれ」と言われても、がんばるはずがありません。

それで、先ほど言ったように、「たった一回しかない人生、もっと楽しくいこうや。あくせく働いて利益を出して、税金を取られるのはアホらしいではないか。もっと楽しくいこうではないか」と考えるようになるのです。

「人生は楽しくいかなきゃ。うちの会社はひとつおもしろく、楽しくいきましょう」という会社もあっていいのです。しかし、そういう考え方であれば、そういう考え方の規模、そういう考え方の程度の会社なのです。

ですから、景気が悪くなってきますと、当然、不平不満が出ます。いまの政府のやり方がおかしい、また地方の行政府のやり方がおかしい、もっともっと我々に援助してほしい、中小企業は苦しいんだ、低金利にしてくれ、何をしてくれと、すべてが不平不満で、外に目がいってしまう。

そして、そういうことばかり言っている方がおられますが、それもひじょうに自分の会社を伸びないようにしているもとです。

自分の会社というのは、環境がどんなであろうと、まさにいま現在のように、厳しい環境になればなるほど、自分で守らなければならない。自助努力で経営をやっていかなければならない。誰も助けてくれやしないのです。経営は、まさにトップがもつ考え方に起因すると、私は思っています。

原理原則を判断基準にする

人間としての「正しさ」を判断基準に据えた

そこで、私の例がいちばんよかろうと思うので、ちょっと厚かましいのですが、申し上げます。

私は昭和三十四年に、京都市中京区西ノ京原町で、宮木電機さんの倉庫をお借りして、二十八人で京都セラミックという会社を始めました。

始めてみて最初に遭遇したのが、実はトップの重責でした。会社をつくった日から、これはどうしましょう、こうしましょう、ものを一つ買うにしても、給料を払うにしても、すべてのことについて部下が私に相談に来る。

それをやっていい、やってはいけないということを、私が判断をしなければならない。そのときにたいへん困りました。

私は立派な家柄の育ちでもありませんし、また、周囲に立派な経営者に類するような人がいたわけでもありません。私自身はもちろん経営の経験はありませんから、経験に頼るということができませんでした。

同時に私は工学部の出身なので、経済も知りません、経理も知りません。したがって、自分の知識に頼るわけにもいきませんでした。

経験もない、経済も勉強したことがない、経理も知らない、そういう知らないづくしで会社のトップをしなければならない。トップというのは、物事を判断しなければならないわけです。やっていい、やってはいけないと決めなければなりませんから、たいへん困りました。

そのときに、私はきりきり胃が痛むような判断をしなければならない。自分の判断がもし間違ったとすると、会社の存続に影響するかもしれない。私が軽はずみに決めたことが会社の命運を決めることになるかもしれない。すると軽率に決めることはできず、眠れない日が続きました。

そのときに、トップは孤独だ、という言葉を本で読み、なるほどと思いました。経営者は孤独だというのは、番頭さんにも、周囲の人にも相談ができない、奥さんにも相談ができない、本当にぎりぎりのところで決断を迫られる。

日常茶飯の、たとえば百万円の決裁でも、十万円の決裁でも、自分の責任で決裁をしなければならない。そうすると、その決裁をするのにはぎりぎりまで悩まなければならない。相談ができない孤独のなかで、ものを決めていかなければならない。

経営者というのは、すごい条件のもとで生きているのだなと、私は思いました。経営の経験がない、経済も知らない、経理も知らない、ないないづくしですから、とくに困りました。

本当に困り果てて、どうして決めようということで、そのときに私はもうこうなれば、会社経営を知らないのだから、人間として何が正しいのか、正・不正、正しい・正しくない、または善悪、いいことだ・悪いことだ、ということで決めようと思ったのです。

そうすると、正しいとか正しくないというのは基準が要るわけですから、その基準をおまえはもっているのかというと、もっていないのです。もっていないので、私はこう思いました。

私の両親は小学校しか出ていませんが、その両親が子供の頃から私に、「あれをやってはいけない、これはやっていい」「人間としてそんなことでは困る」と言って教えてくれた本当にプリミティブな、人間として正しい、正しくないということ。つまり、人間としての原点を基準にしよう。

小学校、中学、高校のとき、戦前の修身の先生に教わった、やっていいこと悪いことということを基準にしようと。それしか方法がありませんでした。

大学の哲学科を出たわけでもなければ、心理学科を出たわけでもありませんから、私にはそれしかもち合わせがありません。

両親に教わった、何が正しいのか正しくないのか、何がいいことなのか悪いことなのか、小学校の先生に教わったことを含めて、それでいこうと決めたのです。

原理原則に基づいた考え方こそが何より大事

そういうふうに社員に言うとバカにされるかもしれないと思ったものですから、私は「原理原則に基づいて決断をします」と言いました。

「おじいさんに言われたことだ」というようなことを言ったのではいけないと思ったので、原理原則と言ったのです。

わけがわかったようなわからないようなことですけれども、人間としてもっとも根本的な、何が正しいのか、何がいいのか悪いのかということで判断をしようと思って経営をし始めました。

考えてみますと、その原点が、今日の京セラをつくっていると思います。もし私に中途半端に経営の経験があったとしたらどうだったか。

三十、四十歳ぐらいまでサラリーマンとして大会社に勤めていて、ある程度、経営の方法を知っていて、うまく根回しをしたり妥協をしたり、周囲の人にうまく取り入ったりする、そういう社交術のようなものまで含めて経営の方法だと思っていたとしたら、私はそういう経験則に基づいて経営をしただろうと思います。

それを知らないので原理原則という、何が人間として正しいのかの一点、つまり人間として何がいいのか悪いのかという一点だけで判断しようと思った。それが私にとってはよかった。

経験がなく、世の中ですれていなかったために、うまく立ち回るということを知らなかったことがよかったのではないかと、いまでもそのように思っています。

トップがもつ考え方というのは、会社の命運、会社の将来のすべてを決めるのです。そして、もう一つ重要なことは、強烈な経営者としての意志です。

どうしてもオレはこの会社をこうしたいという強烈な願望、強烈な意志が会社の将来を決めていくわけですけれども、原理原則に基づいた考え方というのがいちばん大事で、今日の京セラをつくったのも、そのような考え方があったからだと思うのです。

人生と仕事の結果は、この方程式で表せる

そういうふうに思って経営していると、京セラはどんどん発展し始めました。私が想像できないぐらいに発展し始めました。それで、どうも人生というのはおかしいなといいますか、何でこううまくいくのだろうと考えるようになったのです。

賢い人、頭のいい人が事業をやれば大成功していくとは思うけれども、私はそう賢くないのではないか。人生というのは、どういうところがすぐれていたら成功するのだろうと、当時、悩んでいました。

そのときに、私はある方程式を考えつきました。それは、「人生の結果、仕事の結果、もしくは事業の結

果＝考え方×熱意×能力」という方程式で表されるのではないだろうかと思ったのです。

それはどういう意味かというと、能力とは頭がいいということだけではありません。肉体がもっている能力、つまり運動神経が発達している、健康だ、頑健だ、強い力をもっているということも含みます。脳細胞の才能がすぐれている、頭がいいということも含めて、肉体がもっているものが能力です。

だから、たとえば運動神経が発達し、運動選手でもあって、大学を優秀な成績で卒業したという人は、健康で、運動神経も発達して、頭もいいのですから、能力はひじょうに高いといえます。

我々普通の人間は平均ですと、能力というのはゼロから百点まであるとすると、六十点ぐらい。大学を相当優秀な成績で出たといっても、それでも九十点ぐらいのものでしょう。

次は熱意。熱意というのは、これもゼロから百点まであるだろう。その方程式を考えついたのは、こんなことからでした。

田舎のうちの親戚に、いい学校を出た叔父さんがいました。焼酎飲みで、しょっちゅう焼酎を飲んでは酔っ払っているのですが、その叔父さんがいつも自慢話をする。

オレは小学校の頃は級長をやったとか、頭がよかったとか自慢をする。それで、子供でも知っている、たとえば県庁の偉いさんを君呼ばわりして、「いやあ、何とか君、あいつは小学校の頃はもう鼻たれ小僧で、頭が悪かったんだ」などと言うのです。

うちの叔父さんはやっぱり偉いんだなと子供心に思っていたのですが、その偉いんだなと思った叔父さんの顔を見たら、貧相で、仕事もできないで、親戚一統からはのけ者になっているし、お金ももっていない。

叔父さんの話を聞くとたいへん偉いはずなのに、ちっとも偉くない。親戚の者からバカにされている。何でだろうという疑問が湧いてきたのです。

つまり、学校の成績がよかったから、頭がよかったからといって、人生はよくなるものではないのだな。では、何だろうと。

そのときに思ったのが、「ははあ、うちの叔父さんは頭がいいことをかさに着て世の中をバカにし、人をバカにし、あいつは頭が悪い、オレは頭がいいと言ってバカにして、まともに、一生懸命、勤勉に働こうとしなかったからあのざまだったんだな」ということでした。

たとえ小学校のときに頭がよかろうと、高校でトップであろうと大学をトップで卒業しようと、まともに働かなかったら、うまくいくわけがない。それなのに叔父さんはしょっちゅう人をけなし、人をバカにしていた。

昔の言葉で、「隣のバカは起きて働く」というのがありました。偉い人はだいたいそう思ったのです。オレは頭がいいのだから寝ていればいいんだ。隣のバカは、バカだから夜中でも起きて働かなければならないのだと。

私はそれを逆に思いました。「そこに落とし穴があるのだな。バカみたいに人の何倍も働く。そういう勤勉さ、熱意が要るのだな」と。

そのときにひじょうによかったのは、私自身が一流大学を卒業していなかったことです。それならということで、私は、「じゃあ京都の人たちの何倍も働こう。オレは能力はないのかもしれないから、何倍も働こう」と思いました。

考え方がマイナスからプラスまである理由

方程式をかけ算にしたのは、たとえば大学をトップで卒業した人は、能力が九十点あるかもしれない。けれども、頭がいいからというので、あまり働かない。だから、熱意は三十点しかないとします。たし算をすると、九十点と三十点で百二十点になるわけです。

一方、こちらはもともと能力があまりなく、六十点しかない。一生懸命がんばろうと思っても、人よりも特別にがんばれるわけでもないから、倍ほどがんばっても六十点です。六十たす六十で百二十点となって、一緒です。ところがかけ算にしますと、これはもうべらぼうに違ってきます。

「ははあ、これはたし算じゃないんだ。積でかかってくるから、人生後半になったらえらい差がつくんだな。幾何級数的にかけ算でいくから、違うんだな」と思ったのです。

そして、かける考え方です。考え方というのは、マイナス百点からプラス百点まであるはずだと気づきました。

つまり考え方はどうでもいいのではなくて、このくらいの悪さぐらいはといっても、それがマイナスなら、かけ算でかかってきますから結果は全部マイナスなのです。

考えてみますと、能力があるし、健康で頭もいいし、熱意もある。けれど世の中はどうせおもしろくない、世の中というのは不公平だ。政治家は自分たちのお金ばかり考えて、悪いことをしてでもお金をためるし、もうこんな腐った世の中はおもしろくない。

オレも世の中を斜めにいこうといって泥棒でもしようかと思えば、石川五右衛門ぐらい能力があってすばらしい泥棒になる。しかし泥棒ですから、これは、人生の結果は全部マイナスです。

中小企業でうまくいかないのは、経営者がしょっちゅうぶつぶつ言っている、不満を言っている。その不満はどこへもいかないのです。天につばきをするようなもので、それは全部自分に返ってくる。ちっともプラスになりません。それなのにマイナスのことばかり言っている。

そんなことを言うヒマがあるなら、自分の足元だけを見て、一生懸命がんばるということが必要にもかかわらず、それをしない。だから、そんなに悪い人ではないのだけれども、不平不満ばかり言っている社長ですと、結果はうまくいくわけがありません。

人生というのは、神様がみんな等しく、すばらしい人生が歩けるようにつくってくれているのです。みんなすばらしい人生を歩けるようになっているのです。

ただしそういうすばらしい人生を神様が与えてくれるのは、明るくて、いま生きている人生を感謝し、そして必死で生きる努力をしている人です。そういう人には神様が微笑《ほほえ》んでくれて、ラッキーをもたらすようになっているのです。

そんなバカなとお考えかもしれませんが、それをまず信じていただきたいと思います。実はそうなっているのです。

ですから、考え方というのはひがんだ考え方、つまりネガティブなマイナスの考え方からプラスの考え方までありますから、明るくて、すばらしい考え方をすべきだとわかるわけです。

魂の領域で決断せよ

判断は頭ではなく心でするもの

そのようにすばらしい、いい考え方をもとうとすることを、私は〝心を高める〟と表現します。

心を高めましょうというのはどういうことか。それは人間性を高めましょう、人間としての品格を高めましょう、高邁な思想をもちましょう、哲学といわれるほどの考え方をもちましょうという意味で、私は〝心を高める〟という言葉を使っています。

なぜ、そういう高邁な思想、高次元の高邁な人間性が要るのか——それを、いまからお話ししてみたいと思います。

先ほどもいいましたが、会社をつくったときに最初に遭遇するのは、これをしていいか悪いかという判断です。

私はよくいうのですが、会社の現在の業績、現在の状態というのは、トップの人が社長に就任してから今日までずっと節々に判断をしてきた、賽《さい》の河原の石積みのように、その判断を積んできた結果を集積したものです。

つまり、あなたの判断のインテグレーション（集積）が、現在の会社を表しています。

もし、五回目まではいい判断をしたけれども、六回目に判断を間違うと、積んだ石がガラッと崩れます。全部は崩れないかもしれませんが、途中まで崩れて、そこからまた積まなければなりません。

会社があまり伸びていないとすれば、いつも正しい判断をしているのではなく、途中で何回か大きな判断ミスをしているのです。だから、賽の河原の石積みがガラッと崩れて、ちっとも伸びていかない。

ですから、その一つひとつの判断というのがたいへん大事なわけです。では、判断は何でするかというと、それは頭ではないのです。判断をするのは心なのです。人間はみんな、心で判断をするようになっているわけです。

心といっても、心はどこにあるのか。私もどこにあるかは知りません。知りませんが、頭でないことだけは事実です。

心のいちばん外側に自分を守る「本能」がある

心で判断するとしますと、心というのはどんな構造をしているのでしょうか。

これもまた独断と偏見に満ちているのですが、私が勝手に考えているのですけれども、心というのは多重構造をしたフットボールのような球形のものとイメージしています。

そして、いちばん真ん中に魂というものがあるのではないか。魂など信じない方もおられると思いますが、その魂の上に構造が重なるのです。

いちばん外側を、本能というものが覆っています。なぜ本能がいちばん外側にあるのか。赤ん坊が生まれてきますと、最初に母親の乳房にぶら下がって乳を飲みます。

つまり肉体を守るために、ものを食べようとする。知識としてもっているのではなく、本能としてお乳を吸うことを知っています。それが本能です。

本能とはどんなものかといいますと、赤ちゃんの例を挙げたように、我々は肉体をもっていますから、肉体を維持し、守るために神が与えてくれた心です。

食欲がある、ものを食べたいと思う、それは肉体を維持するためです。また性欲があるというのは、子孫を残すためです。

つまり自分の代わりのものをつくるために、性欲があります。さらには、敵に襲われると闘争心が湧くという本能があります。外敵に対して、自分の肉体を守るために立ち向かうという闘争心が出てきます。

これらすべて本能というのは、自分のためです。自分のためというのは、つまり利己です。英語でいうとエゴです。だから、本能というのは肉体を守るため、肉体を維持するために、神が与えてくれた、利己的なものです。

そうすると、会社で部下が相談に来たとき、何のトレーニングもしていない人だとどうなるか。相談に来ると、判断をしなければなりません。

判断は心でしますから、最初に、「ちょっと待て、おまえ。それはどうなっているんだ、儲かるのか儲からないのか、はっきりしてみろ」と、みなさんも言っておられるはずです。

儲かるか儲からないかというその一点だけ、つまり本能、損得、利己です。それだけでものを判断して、「儲かるのか、本当に儲かるのだな。それならやってもええわ」と。

それで損をして帰ってくると、「バカが」と言っている。それが我々の日常の、経営をやっている状態です。つまり、本能というものを座標軸に判断をして、会社を動かしている。

感覚も感情も判断の基準にはなり得ない

「本能で儲かるか儲からないかというような、そんな単純ではありません。もっと私は頭がいいんですから」と言う人がいるかもしれません。

次にあるのは、ラッキョウの皮ではありませんが、本能をめくってみますと、感覚という心です。感覚とは五感です。見る、聞くというのは、すべて五感です。

五感を使って判断をするというのは、たとえば我々はすばらしい音楽を聞くと、「すばらしい、この音楽はいいな、この音楽だったらＣＤを買おう」という判断をします。

聞いてみて、「これはいい、すばらしい音楽だ。これはどこだろう、ボストン・フィルだ。やっぱりさすがにいい。指揮者は誰だ、さすがだな、ちょっと高いけれどこれを買おう」となる。

つまり、買うか買わないかの判断を、聴覚という五感に訴えて、それでもって買います。

いい絵を見て、「この絵は立派だ。有名な作家ではなく、二流の名も知れない作家が描いた絵だけれども、オレは気に入った、この絵を買いたい」と、視覚で判断をする。つまり五感でものを決めるということを、我々はやっています。

ところがおもしろいことに、感覚で決める場合の基準というのはしょっちゅう変わっていくのです。感覚は何が正しいかという固定されたものではなく、時と経験によってどんどん基準が変わっていく。これが五感の感覚の判断力です。

その感覚をまた一つラッキョウの皮のようにめくりますと、次は感情という心が出てきます。感情に任せて物事を決める。つまり好き嫌いです。

我々はしょっちゅう好き嫌いで物事を決めています。極端にいうと、部長の顔を見て、「おまえの顔は見たくもない。貧乏ヅラをして、貧乏神みたいなやつだ」と、理屈ではなく、感情で物事を決めているケースはいくらもあります。

これは気ままです。昨日は「ツラも見たくない」と言ったのに、今日はたいへんほめているということもある。だから、感情という基準はまったく不確かなものです。もう調子です。

その日の調子によって変わるわけですから、判断の基準にはなり得ない。その基準になり得ない感情を使って判断をしているのです。

そんなに私はいいかげんな経営者ではありませんといって、その皮をまた一つめくりますと、次は理性という心が現れてきます。

理性というのは、大脳皮質で考えるということです。物事を分析し、物事の論理を組み立てることができる心です。つまり、脳細胞です。

この事実はこういう分析をするとこうなりますよと分析し、同時にそれをもう一回ロジックとして構築して組んでいくことができるのが、理性です。

だから、事実を事実として挙げて分析し、その分析した事実をそのまま組み上げていく力はありますが、判断をするという機能は、この理性はもっていません。

そのいい例は、みなさんの会社に優秀な大学を出たスタッフがおられると思いますが、その人たちに何かテーマを与えると、すばらしい能力を使い、理性で分析、解析して、みなさんにレポートを出すはずです。

「説明してみろ」と言うと、「これは、こういう現象がこういうことなのです。それをこうすればこうなります」と説明してくれるので、納得がいく。なるほどなと。

「ところで、どうすればいいのか」と聞くと、「いや、それは社長が決めることです。私どもは調べただけでして、どちらを取るかは社長が決めるのです」と答えるので、そこで困るわけです。理性という基準では、物事は決められないのです。

誰の心にも美しく調和に満ちた魂がある

この理性もダメだなといって、またくると、まだ心の階層はたくさんあると思いますけれども、最後に魂が出てきます。魂というのは、あなたそのものです。

あなたというのは何ですかと、ずっと問い詰めていった最後、仏教の禅宗では空《くう》、ヨガでは真我《しんが》といわれるものに行き着きます。

また、ある人は存在としかいいようのないもの、存在という実体といっています。

あなたというのは何ですかというと、けっきょく、これらの言葉をみんな言い換えると、魂です。魂というのは――これはもう宗教、哲学の世界では当たり前のことで、一般の人にはよく理解していただいていないのですが――みんな同じものなのです。私と、ここにおられるあなたとは、まったく同じものなのです。

ところが、魂がこの世に生まれてくるときに、神様が肉体というものを背負わせて出てくるので、能力も違う、健康状態も違う、顔も違う。地球上に人類は数十億人いますけれども、誰一人として同じ人はいないわけです。

もともとの魂は同じものなのですが、世の中に出てくると、この地球上で社会をつくらなければならない。

均質なものだけでは社会にならないから、全部差があるようにつくっただけで、たまたまなのです。あなたの責任ではない。神様が、健康な人も病人もいなければ社会にならないから、つくっただけなのです。本当はみんな平等です。魂はみんな同じものなのです。

魂が同じというのは、たとえばヨガをやったり、また瞑想《めいそう》をしたり、坐禅《ざぜん》を組んで、自分に尋ねる。自分とは何なのか、我とは何なのかを尋ねていった人は等しく、人間の魂が同じどころではなく、森羅万象、草も木も全部、それをつくっている根源はみな同じものだと、そこまでいっておられます。

また、そういうものの本質を哲学的、宗教的にとらえていくのが、実は宗教家の務めなのです。

そのみんな共通の魂というのは何なのかというと、それははっきりしているのです。どの宗教家も説いていますが、あなたの魂も私の魂も同じものです。

その本質は何かというと、我々は小学校、中学校のときに、〝真・善・美〟という言葉を教わりました。人間は、その〝真・善・美〟の方向にどうしても惹かれるのです。美術を愛する、美しいものに惹かれるというのは、魂が美しいからです。真実を愛するのは、魂が真実だからです。善《よ》きことをしましょうというのは、魂がもともといいもの、善だからなのです。

魂というのは、むずかしいことではなく、〝真・善・美〟という言葉で表される実体です。架空ではありません、実体なのです。〝真・善・美〟という言葉で表されるような美しいものなのです。

私は先ほど、京セラをつくったときに、両親に教わった、また祖父母や小学校の先生に教わった、やっていいことと悪いこと、正しいことと正しくないことというのを判断基準にしようと思い、それを原理原則と名づけて格好をつけてやったと言いました。

ところが、実は魂のところまで降りていくと、魂はもともとが〝真・善・美〟ですから、公平で、公正で、誠実で、愛情があって、勇気があって、すばらしくやさしい調和に満ちたものなのです。

だから、私は両親が教えてくれた、叱って注意してくれたことを基準にしたけれども、本当は自分の魂に聞けばよいのです。魂そのものが、どなたの魂も美しい立派なもので、何が正しいかを知っているわけです。

魂からの決断こそが、本当の決断である

ですから、ものを判断するときには、本能、損得勘定で判断するのではなく、次の感覚で判断するのでもなく、その次の感情で判断するのでもなく、もちろん理性で判断するのでもなく、魂に聞くのです。

では、魂に聞く方法はあるのかということです。極端にいうと、みなさんの場合もイライラしておられる方が大半だろうと思います。

そのイライラの状態では、経営は絶対にできません。心が鎮まるということが絶対条件になってきます。

だから、宗教家でも哲学者でも、一日一回、二十分でいいから心を鎮めなさいといわれます。そんなに殺気立ってはいけないと。

もちろん、仕事は誰にも負けないくらいすさまじい勢いでしなければなりません。先ほど言ったように、楽しく、ちょぼちょぼいきましょうかというようなものではないのです。

私は、経営というのはすさまじい、どんな激しい格闘技の選手がもっているよりも激しい闘魂が要ると思っています。生半可な人は経営をやってはいけない。それはすさまじい勇気が、度胸が要るのです。

たとえば相手にどんな強い巨漢が現れても、負けることはわかっていても、むしゃぶりついていってでも戦う勇気がなければ、経営にはなりません。

そういうすさまじい気迫をもって、寸暇を惜しんで働くという生きざまで生きているだけに、せめて一日二十分ぐらいは心を鎮める必要があります。

そのすさまじい勢いで生きているなかで心を鎮めた瞬間に、実は魂に触れられるのです。

それを、ある人は坐禅という方法を使い、ある人は瞑想という方法を使って心を鎮めている。よく経営者の方が禅宗のお寺に行き、老師に指導を仰いで参禅しておられるのも、心を鎮めるということなのです。

心を鎮めなければ、自分の魂に触れることがありません。魂というのは〝真・善・美〟という言葉で表される実体であり、何が正しいのか、何がやってはならないことなのか、何がいいことか悪いことかを知っているので、そこへいかなければならないのです。

厳しい世界だからこそ、愛が求められる

魂とは、表現をもう一つ換えれば、それは愛そのものです。

仏教でも、世界的な大宗教の方々はみな、根本は愛ということを説いておられますが、魂がその愛なのです。愛というのは何かというと、少し解釈がむずかしいのですが、やさしい思いやりだと理解されればいいと思います。

やさしい思いやりとは、本能の対極にある利他です。他を利する。みんなを思いやる。自分を犠牲にしても

いいから他をよくしようという利他、それが愛です。つまり魂というのは、もともとそういうやさしいものなのです。

すさまじく激しい修羅場で、我々経営者は生きています。とくに中小企業、零細企業になると、ちょっとした油断で会社がつぶれるかもしれない。注文がよその同業者に逃げていくかもしれないし、ぼやっとしていると、たちまち利益が吹き飛んでしまいます。

そういうすさまじい、切った張ったの修羅場に生きているだけに、判断をする瞬間というのは少なくとも魂のレベルで、〝真・善・美〟という利他の心で判断をしなければなりません。

商売というのはみなさんもご承知のとおり、自分だけ儲かって成功した例は一つもありません。

商売してものを売って儲けようと思えば、買った人が喜ばなければならない。もし一回でも「変なものを買った、アホらしい」と思ったら、二度と商売はできません。

お客様も「いいものを買わせてもらった、これでよかった。オレも儲けさせてもらった」と思わなければビジネスは続きません。

それをどうしても自分だけ儲けようということでは、一回の商売はできるでしょうが、永続性のある商売などできないことは、みなさん知っていらっしゃるはずです。

自分のことは横において、買ってくださったお客様のことを考えて、お客様が喜ぶようにしてあげる。つまり、利他です。その利他の心で商売をやれば、自然に自分も儲けさせてもらえるのです。

「情けは人のためならず」という言葉がありますが、それはまさに情けをかけたように見えるけれども、他人にかけただけではなく、その情けは必ず返ってくるということです。

これが世の中の道理になっているわけです。だから、極端にいうと、魂のレベルで判断することが、物事を成功させるのです。

フィロソフィを共有する

哲学とは魂が知っている崇高な考え方

私が言いたかったのは、心を高めるということ、また、なぜ経営に哲学が必要かということですが、哲学とは、魂が知っている崇高な考え方という意味です。

そこまでいって、それを社是にされるべきです。しかし、「わが社はこういう考え方で経営をします」「これを社是、社訓にして経営をします」と言ってみても、自分がトレーニングされていないので、どうしてもそうならないのです。

やっぱりそこは人間ですから欲もあれば、本能も感情も感覚も、そんなにかんたんには取れやしません。

ですから、みなさんでもほうっておくと、ここから出ていったらもうその瞬間に、本能でいいか悪いかを判断されるわけです。

ここで話を聞いていると、なるほどなあと思っているのですが、ここを出た瞬間に、もうパッと忘れるわけです。人間というのは、そのくらい愚かなのです。

そんな偉そうなことを言って、それならおまえはできるのかと言われると、私もできていません。できていないので、私はしょっちゅう反省しているのです。反省のある毎日をと、私は思っています。

毎朝、起きて洗面をするときには、本当に恥ずかしいのですが、家内に聞こえたら困るくらいの声で、「神様、ごめん」と言ったり、「神様、ありがとう」と言ったり、もうたまらないぐらい自分を責めるのです。

別の自分が私を、「おまえはけしからんではないか」と言って責める。

私はそういう反省を毎日しているくらいですから、こっち（利他）へいっても、またちょっとこっち（利己）に帰ったりしているわけです。

ですから、きれいごとを言っていますが、きれいな男ではないのです。人間というのはみんなそうです。みんな本能にまみれているわけです。本能も何もないきれいな人などいるわけがない。

本能にまみれていくのはイヤだ、少しでもそこから逃げようという考えがあると、たまに逃げられるだけのことであって、私でもかんたんにすぐ元の本能のところへ戻るわけです。

ですから、私が哲学とか心を高めると言うのは、魂が知っている崇高なところまで、自分をもっていってほしいと思うからです。

ほうっておくと、すぐに本能や感覚、感情で判断をするので、「そうであってはいかんぞ」「そうあってはいけない」と、自分につねに言い聞かせる。

その反省のくり返しがありさえすれば、三回に一回はすばらしい判断ができるということになってきて、会社経営はぐっとうまくいくはずです。

自らが血肉にしなければ人には響かない

そういうことを考えて京セラを経営してきて、たいへん順調にいきました。

哲学は英語でフィロソフィといいますが、フィロソフィこそ大事だと思っています。技術がいいかとか、経営管理や財務管理がうまいかとか、営業がすぐれているかが会社の隆盛を決めているのではありません。

会社経営というのは、まさにどういうフィロソフィを会社がもっているか。どういうフィロソフィをトップと従業員が共有しているか。フィロソフィに対して、全従業員が共鳴、賛同しているかで決まるのだなと、私は思っています。

ところが、先ほども言いましたように、みなさんはすばらしい考え方を自分でまとめて、それを社是、会社の方針として書いて貼られる。そして従業員にも「オレは心を入れ替えて、今日からこういう考え方でいくのだ」と言う。

きれいなことが書いてあるのですが、やっていることは反対のことですから、従業員から見るとまったくでたらめで、「朝礼であんな話をしても、昼からはもう逆のことをやっている」ということになってしまいます。

ですから、従業員に言うのです。「オレも人間だから、すぐそうなってしまうので、そのときには注意してくれよ」と。「オレは自分で反省しながら、そうならないようにしようと思っているけれども、人間だからそうなるのでな」と言えばいいのです。

本当は社是に書いて、それがそらんじられるぐらいに血肉化していなければいけません。哲学が血肉化していなければ、日常茶飯にそれは使えません。しかし、凡人にはそれができやしませんから、しょっちゅうそれを自分自身も見て、自分を直していく。そしてそれを従業員に、こういう方針でやってほしいと強く訴えるのです。

私は、京セラで、そうすべきではないかと思ったので、考え方というものをすべて整理して、「京セラフィロソフィ」と銘打って従業員に配りました。配って、ただ「読めよ」というわけにはいきません。

読んでみても、当たり前ですが、たとえば何が正しいかということが書いてあっても、サラッと読めばもう最後で、あとはパッと忘れるわけです。

だから、「京セラフィロソフィ」の冊子を作って渡して、それを一生懸命教えました。ところが、教えても一緒なのです。

そこで考えたのが、酒盛りを始めることでした。従業員を五十人ぐらいずつ集めて、一升瓶とつまみを持ってきて、車座になって酒盛りをやる。「まあまあ、文句を言わずに飲めよ」とコップ酒を飲ませて、気持ちがほころんできて心をひらいた頃に、「なあ、おまえなあ」と言って教えるのです。

そのように私の場合は酒を飲ませて、心をひらかせて、一生懸命教えました。できるだけそれを共有してくれる、みんなが賛同してくれるように求めて、そういうことをやりました。

立派な哲学で社員を守ることこそ経営の本懐

会社がうまくいったので、「フィロソフィが大事だ」と言うと、会社に入ってくる一流大学を卒業した優秀な技術系の社員は、「二言目にはフィロソフィとばかり言って、実際には京セラは技術があるからうまくいっているんだ。コップ酒を飲ませて『フィロソフィ、フィロソフィ』と言っているけれど、そんなもので会社がうまくいっているわけじゃない。我々の頭がいいからうまくいっているんだ」と、インテリほどそう思っているのです。

それで、私が一生懸命、教科書のようなものを作ると、「思想まで、この会社は押しつけるのですか」と、こう言う。

「いや、思想まで押しつけはしないけれども、オレの年になってくると、人生というのは考え方によって決まることがわかってくるんだよ。いい考え方をするかしないかによって人生が変わるのだから、押しつけられたと思うな。おまえのために、こういう考え方をしたらどうかということなんだよ」

と言っても、

「どんな考え方をしても個人の勝手でしょう。京セラに入ったら、思想まで押しつけられるんですか」

と言うので、たいへん困りました。それでも一生懸命やってきました。

実は第二電電（現・ＫＤＤＩ）が成功したときに、京セラの役員、幹部の人たちにこう言ったのです。

「私は言ったでしょう、いかに考え方が大事かと。だから私は、偉ぶって言うのではなく、本当に考え方をちょっと変えるだけで人生はものすごく変わるのだから、それをみなさんに教えてあげたい。考え方を変えれば、いまからでも遅くない、人生はすばらしく変わるということを教えてあげたい。それを私の今日までの人生のなかで自分だけが気がついて、自分だけが知っていたのではもったいない。多くの人に教えてあげて、そういうふうにしてもらいたいのだ」

私は、中小企業で五人でも十人でも従業員を養っている人は偉いと思っています。人間一人生きていくだけでも、つらく厳しい世の中です。従業員には家族もあります。家族まで食べさせていくというのは並大抵のことではありません。

五人、十人、人を養っていくなんて生半可なことではないのです。その中小企業の経営者がすばらしい哲学をもって従業員を守ってくれるなら、日本の社会は安定し、栄えていきます。

私は大企業の一握りの人たちではなく、中小企業の方々が立派な哲学、思想をもって経営し、自分が雇っている従業員を大事にして守っていただくことが、すばらしい日本の社会をつくっていくのだと思うのです。

たとえ世の中が騒然となって社会が乱れてこようとも、経営者が自分の会社をしっかり守っていく。従業員も安心して、「この社長のためなら、この社長とだったら生きていける」と思う。そういう会社をつくるべきだと思っています。

生き方の神髄 9

稲盛和夫箴言集

81.

経営というのはまさに意志である。何としてでもやり遂げようという強い意志、リーダーにはこれがなければいけない。さらに自分だけでなく、その意志を集団にまで浸透させてみんなを引っ張っていく闘志がなければいけない。

(『誰にも負けない努力』)

82.

企業が小さいときには、経営者の器が小さくてもかまわないが、そのままではけっして企業は発展していかない。経営者はしっかりとした哲学を学び、自分の器を大きくするように努めるべきだ。経営者が自分の器を大きくすれば、企業も必ず発展を遂げていく。「心を高める、経営を伸ばす」ということこそ、まさに経営の要諦なのだ。

（『従業員をやる気にさせる7つのカギ』）

83.

世の現象はすべて自分の心、考え方が招いたものだ。心のありよう、つまり考え方次第で、人生も仕事も結果は百八十度違ったものになる。とても単純なことだが、未来に希望を抱き、明るく積極的に行動していくことが、仕事や人生をよりよくするための第一条件である。

（『考え方』）

84.

つねに「原理原則」に基づいて判断し、行動しなければならない。「原理原則」に基づくということは、人間社会の道徳、倫理といわれるものを基準として、人間として正しいものを正しいままに貫いていくことだ。人間としての道理に基づいた判断であれば、時間や空間を超えて、どのような状況においてもそれは受け入れられる。

（『［新装版］成功への情熱』）

85.

「損得」ではなく、プリミティブな道徳や教訓に照らして、シンプルな「善悪」を判断のものさしにする。それはまた、天の道理にもかなった判断といってもよい。そうした規範をしっかり心のなかに据えている人であれば、これまで経験のない局面にあっても、また早急に判断を求められる事態に見舞われても、いかなるときも正しい判断を下し、成功へと導くことができる。

（『心。』）

86.

自らを正しい方向に導く「考え方」というものは、まさに闇を照らす光だ。人生行路を歩いていくときに、すばらしい人生へと続く道を示す羅針盤となってくれる。

（『考え方』）

87.

考え方の中心におかなければならないのは、利己の対極にある利他だ。言葉を換えていうと、人のため世のためになるということ。それを心の座標軸の中心におかなければならない。

（『活きる力』）

88.

自分の事業、自分の利益という利己にこだわっていると、見える世界には限りがある。自分のエゴを払拭してものを考えれば、視野は何倍にも広がる。

(『完本・哲学への回帰』)

89.

人間は誰しも完璧ではありえず、ときに間違いを引き起こしてしまう。しかし、そのたびに素直に「反省」し、再び同じ誤りをしないように懸命に努めていく。その日々のくり返しが、少しずつ人間性を高めてくれる。

（『「成功」と「失敗」の法則』）

90.

「利他の心など、甘いことを言っていてはビジネスなどできない」という声もあるかもしれない。たしかに、近視眼的には損をするように見えることもあるだろう。しかし長い目で見れば、他を思いやるという利他の心は、宇宙の法則にかなっているだけに、必ずやすばらしい成果を育んでいくはずだ。

（『人生と経営』）

出典（88.を除き、いずれも稲盛和夫著・一部改変したものがあります）

81.『誰にも負けない努力』74、75Ｐ（ＰＨＰ研究所）

82.『従業員をやる気にさせる7つのカギ』37Ｐ（日経ＢＰ社）

83.『考え方』36、37Ｐ（大和書房）

84.『［新装版］成功への情熱』104、105Ｐ（ＰＨＰ研究所）

85.『心。』156Ｐ（サンマーク出版）

86.『考え方』14Ｐ（大和書房）

87.『活きる力』141、142Ｐ（プレジデント社）

88.『完本・哲学への回帰』48Ｐ（梅原 猛・稲盛和夫著　ＰＨＰ研究所）

89.『「成功」と「失敗」の法則』94Ｐ（致知出版社）

90.『人生と経営』138Ｐ（致知出版社）

稲盛和夫（いなもり・かずお）　一九三二年、鹿児島生まれ。鹿児島大学工学部卒業。五九年、京都セラミック株式会社（現・京セラ）を設立。社長、会長を経て、九七年より名誉会長。また、八四年に第二電電（現・ＫＤＤＩ）を設立、会長に就任。二〇〇一年より最高顧問。一〇年には日本航空会長に就任。代表取締役会長、名誉会長を経て、一五年より名誉顧問。一九八四年には稲盛財団を設立し、「京都賞」を創設。毎年、人類社会の進歩発展に功績のあった人々を顕彰している。著書に『生き方』『心。』『京セラフィロソフィ』（いずれも小社）、『働き方』（三笠書房）、『考え方』（大和書房）など、多数。

稲盛和夫オフィシャルホームページ
https://www.kyocera.co.jp/inamori/

正しい決断をするために

二〇二一年　五月　二十日　初版印刷
二〇二一年　五月　三十日　初版発行

著　者　稲盛和夫
発行人　植木宣隆
発行所　株式会社　サンマーク出版
〒一六九－〇〇七五
東京都新宿区高田馬場二－一六－一一
（電）〇三－五二七二－三一六六
印刷　共同印刷株式会社
製本　株式会社若林製本工場

ISBN 978-4-7631-9839-6　C0030
ホームページ　https://www.sunmark.co.jp

【稲盛ライブラリーのご案内】

「稲盛ライブラリー」は、稲盛和夫の人生哲学、経営哲学である京セラフィロソフィを学び、継承・普及することを目的に開設されています。稲盛の人生哲学、経営哲学をベースに、技術者、経営者としての足跡や様々な社会活動を紹介しています。

■所在地　〒612-8450 京都市伏見区竹田鳥羽殿町9番地
（京セラ本社ビル南隣り）
■開館時間　午前10時～午後5時
■休館日　土曜・日曜・祝日および京セラ休日
■ホームページ
https://www.kyocera.co.jp/company/csr/facility/inamori-library/